3마당 만나세대

The Manna Generation

소그룹 성경통독 _ 3마당 만나세대

초판 1쇄 발행 2006년 9월 30일
6쇄 발행 2017년 6월 14일

지은이 · 조병호
펴낸곳 · 도서출판 **통독원**
주 소 · 서울시 강남구 논현동 278-3
전 화 · 02)525-7794
팩 스 · 02)587-7794
홈페이지 · www.tongbooks.com
등 록 · 제22-2766호(2005.6.27)

ISBN 978-89-92247-03-0 04230
ISBN 978-89-92247-00-9 (전 20권)

본 책에 인용된 성경은 「성경전서 개역개정판」에 따른 것입니다.

소그룹 성경통독 3마당

만나세대

조병호

통독원

《소그룹 성경통독》을 펴내며

《소그룹 성경통독》 시리즈는 성경과 더욱 가까워지길 원하는 사람들을 위한 책입니다. 이 시리즈는 성경 66권 전체를 다루고 있으며, 시간 흐름에 따라 성경을 역사적 순서대로 재배열하여 체계적인 성경공부가 가능하도록 구성되어 있습니다.

이 책을 통해 세계를 경영하시는 하나님의 놀라운 섭리를 깨닫게 될 것이며, 그분의 말씀에 순종함으로써 삶의 현장 속에서 훌륭하게 쓰임 받았던 하나님의 사람들을 전인격적으로 만나게 될 것입니다.

여러분과 소그룹 구성원들이 이 책을 통해 성경을 통독하는 놀라운 기쁨을 새롭게 체험하길 바랍니다. 각 개인에게는 신앙의 견고성이 더해지고, 성도 간에는 깊은 교제가 이루어질 수 있도록, 본서는 구체적이고 실질적인 도움을 제공할 것입니다. 말씀을 사모하는 여러분에게 하나님께서 충만한 은혜와 지혜를 부어주시기를 바랍니다.

목 차

이 책의 구성

《소그룹 성경통독》 시리즈의 전체 구성은 다음과 같습니다.
- 20개의 〈마당〉 : 성경 전체를 역사 순서대로 재배열하여 20개 마당으로 묶음.
- 66개의 〈숲이야기〉 : 한 마당은 2~4개의 〈숲이야기〉로 구성됨.
- 240개의 〈나무〉 : 소그룹 성경통독을 할 때, 1회의 분량으로 적절한 단위.

1. 소그룹 성경통독의 진행 순서

찬양과 기도 그날 통독본문의 주제와 어울리는 찬양을 함께 부른 후, 성경을 통독하는 가운데 하나님의 마음과 뜻을 깨달아 알 수 있는 지혜를 달라고 기도드립니다.

마음열기 〈나무〉의 내용 중에서 생각해 보아야 할 중요 주제에 대해, 먼저 일상적인 삶 속에서 꺼내어 볼 수 있는 이야기로 생각과 마음을 편하게 나눕니다.

함께읽기 전체 통독본문은 각자가 미리 읽어오는 것이 좋습니다. 그리고 소그룹 모임에서는 '함께 읽으면 좋은 성경 한 장' 을 다같이 통독합니다. 합독이나 교독 등, 모든 참석자가 소리를 내어 함께 읽는 것이 좋습니다.

친해지기 그날 모여서 함께 읽은 성경 내용 중에서 쉽게 답을 찾아보고 상상해볼 수 있는 질문입니다. 성경과 친해지는 계기로 삼아보십시오.

말씀의 숲길로 부분이 아닌 전체로, 통전적 관점에서 성경을 보는 안목을 제시합니다. 글의 문맥을 따라가며, 하나님께서 역사하신 '그때 거기서'의 현장 속으로 들어가보십시오.

성경의 빈칸 채워 넣기 각 〈나무〉의 내용 중에서 중요 성경구절을 선별하여, 그 중 2-3개의 단어나 어절에 빈칸을 만들어 두었습니다. 전체 흐름상 그 빈칸에 들어갈 적절한 말이 무엇일지 스스로 생각해 답을 적어본 후, 정답을 확인해 보십시오. 소그룹 모임의 경우, 각자의 답과 왜 그렇게 생각했는지를 이야기하고, 함께 답을 찾아 읽어보는 것도 좋습니다.

보석찾기 본문 내용 전체를 살핀 뒤, 해당 〈나무〉에서 중요하게 다룬 성경의 내용을 확인해 둡니다.

마음나누기 해당 〈나무〉의 내용을 기초로 말씀을 삶 속에 적용해 보고, 실천의 방향을 함께 나누는 것입니다. 혼자의 경우는 생각해 적어보고, 소그룹 모임의 경우, 각자 적은 내용을 서로 나누도록 합니다.

기도 그날의 성경통독 모임을 통해 깨닫고 느낀 하나님의 마음, 그리고 그 말씀의 기반 위에서 함께 실천하기로 다짐해야 할 사항들을 생각하며 간절히 기도합니다.

2. 일곱 가지 팁

이 책에 실린 팁들은 일곱 가지 종류로 분류되어 있으며, 본문을 읽어가는 중에 참고하시면 성경에 대한 지식과 깊이 있는 이해를 더하는 데에 도움이 됩니다.

하나님의 계획	인간의 짧은 생각으로는 이해할 수 없는 하나님의 깊은 마음과 큰 계획을 소개합니다.
하나님의 사람들	영성과 사회성을 갖춘 하나님의 사람들과 그들이 만들어가는 믿음의 역사를 조명합니다.
리더십	하나님의 사람들이 보여주는 삶의 모범과 리더십의 면모들을 살펴봅니다.
메시지	성경의 사건과 인물들의 삶의 내용을 통해 말씀이 우리의 구체적 삶에 던지는 감동과 깨달음을 새겨봅니다.
지혜창고	성경은 한없는 지식과 지혜의 창고입니다. 성경을 통독해 갈 때에 도움이 될 만한 사항들과 지혜의 실마리들을 정리하여 실었습니다.
알아두기	성경을 통독해 갈 때에 알아두면 좋은 지식이나 정보 등을 담았습니다.
αΩ 원어해설	성경을 이해하는 데 핵심이 되는 단어들의 히브리어와 헬라어 원어의 뜻을 살펴봄으로써 더 깊은 성경 이해로 나아가도록 돕습니다.

●●○○○

3마당 둘러보기

민수기에는 이스라엘 민족이 시내 산에서 모세를 통해 받은 주의 율례와 법도를 구체적인 생활에 적용하여 살아가는 이야기가 담겨있습니다. 태어나면서부터 하나님이 주시는 만나를 먹으며 40년간 광야에서 자란 만나세대들은 모세를 통해 하나님의 율법을 꼼꼼히 교육받습니다. 이 시기에 출애굽세대에서 만나세대로 세대교체가 이루어지고, 모세는 만나세대들이 가나안 입성을 성공적으로 마치길 바라며, 유언과도 같은 신명기의 말씀을 선포합니다.

○○○●●

숲이야기 1

가데스 바네아에서의 선택

민수기 10:11-21장

나무 46

준비된 출발, 그러나 부족한 2%

민 10:11-12장

찬양

찬송가 – 307장 · 공중 나는 새를 보라
찬 양 – 감사로 제사 드리는 자가

기도

이 시간, 말씀을 통독하는 가운데 하나님의 마음과 뜻을 깨달아 알 수 있도록 지혜를 주옵소서.

마음열기

우리의 삶에서 종종 불평의 언어들이 나오곤 합니다. 불평의 언어가 쏟아지려고 할 때, 마음을 다스리는 당신만의 방법은 무엇입니까?

함께읽기

함께 민수기 11장을 읽어봅시다.

친해지기

1년 동안의 준비 끝에 시내 산을 출발한 이스라엘 백성들이 지금 하나님을 향해 원망하고 있는 것은 무엇입니까? 그 원망을 들으신 하나님의 마음은 어떠하십니까?

말씀의 숲길로 ○●●

하나님께서는 출애굽한 이스라엘 백성들을 1년 동안 시내 산에 머물게 하시면서 하나님의 백성으로 준비시키셨습니다. 그 준비의 내용은 이스라엘 백성이 하나님을 섬기는 공동체로서 거룩한 백성 제사장 나라가 되어, 약한 이웃을 서로 돌보며 살아가는 백성으로 훈련되는 것이었습니다. 하나님께서는 이스라엘 백성들에게 필요한 모든 말씀을 전하신 후, 드디어 가나안을 향해 출발하게 하십니다.

"둘째 해 둘째 달 스무날에 구름이 증거의 성막에서 떠오르매 이스라엘 자손이 시내 광야에서 출발하여 자기 길을 가더니 바란 광야에 구름이 머무니라 이와 같이 그들이 여호와께서 모세에게 명령하신 것을 따라 행진하기를 시작하였는데" 민 10:11-13

하나님의 군대인 이스라엘 백성이 길을 떠날 때 하나님의 언약궤를 앞세웁니다.

"그들이 여호와의 산에서 떠나 삼 일 길을 갈 때에 여호와의 언약궤가 그 삼 일 길에 앞서 가며 그들의 쉴 곳을 찾았고 그들이 진영을 떠날 때에 낮에는 여호와의 구름이 그 위에 덮였었더라" 민 10:33-34

언약궤는 하나님이 그들과 함께계심을 나타내는 것입니다.

▶ 리더십

함께(with) / "그들이 너와 함께 백성의 짐을 담당하고 너 혼자 담당하지 아니하리라." "백성의 짐을 담당할 지도자들을 세우라." "이스라엘 백성의 노인 중 장로와 지도자가 될 만한 자 70명을 모아 회막 앞에 서게 하라"(민 11:16-17). 사실 한두 명을 이끄는 것이 아니고 적어도 수천 수백 명을 이끌어야 된다면 한 사람의 지도력이나 혼자만의 지혜로는 안 될 것이다. 함께 가는 것이 좋다.

그 언약궤를 앞세우고 하나님이 약속하신 땅을 향하여 가는 것입니다.

그러나 이스라엘은 아직 완전히 준비되지 않은 것 같습니다. 하나님의 심중을 이해하지 못하고, 조금 더 편한 것, 조금 더 좋은 것 등 사소한 것에 집착하여 원망과 불평을 쏟아놓습니다. "그들 중에 섞여 사는 다른 인종들이 탐욕을 품으매 이스라엘 자손도 다시 울며 이르되 누가 우리에게 고기를 주어 먹게 하랴 우리가 애굽에 있을 때에는 값없이 생선과 오이와 참외와 부추와 파와 마늘들을 먹은 것이 생각나거늘 이제는 우리의 기력이 다하여 이 만나 외에는 보이는 것이 아무 것도 없도다" 민 11:4-6 라고 하며 먹을 것에 대한 불평을 늘어놓습니다. 꼬박 일 년을 교육하였지만, 여전히 높아지지 않은 백성들의 수준에 하나님은 실망하시고 진노하십니다.

모세가 백성들로 인해 힘든 속마음을 토로합니다.

"모세가 여호와께 여짜오되 어찌하여 주께서 종을 괴롭게 하시나이까 어찌하여 내게 주의 목전에서 은혜를 입게 아니하시고 이 모든 백성을 내게 맡기사 내가 그 짐을 지게 하시나이까 …… 이 모든 백성에게 줄 고기를 내가 어디서 얻으리이까 그들이 나를 향하여 울며 이르되 우리에게 고기를 주어 먹게 하라 하온즉 책임이 심히 중하여 나 혼자는 이 모든 백성을 감당할 수 없나이다" 민 11:11-14

이렇게 모세가 백성들로 인해 힘든 속마음을 드러내자, 하나님께서는 장로 70명을 세워 하나님의 영을 부어주시고 예언하게 하십니다.민 11:16-17, 24-25 또한 고기가 없다고 불평하는 이스라엘 백성들에게는 메추라기를 풍족히 주어 먹게 하십니다.

αΩ 원어해설

야드 יָד : 손 (민 11:23) / '야드'는 '손' 외에 '능력'을 뜻한다. 따라서 '손이 짧으냐'라는 말은 '하나님의 능력이 줄어들었느냐'라는 뜻이다.

"바람이 여호와에게서 나와 바다에서부터 메추라기를 몰아 진영 곁 이쪽 저쪽 곧 진영 사방으로 각기 하룻길 되는 지면 위 두 규빗쯤에 내리게 한지라 백성이 일어나 그 날 종일 종야와 그 이튿날 종일토록 메추라기를 모으니 적게 모은 자도 열 호멜이라 그들이 자기들을 위하여 진영 사면에 펴 두었더라"민 11:31-32

그러나 하나님께서 세우신 모세의 권위에 대해 이스라엘 백성들은 계속 불만을 갖습니다. 백성들이 먹을 것을 가지고 모세를 원망한 데 이어, 모세와 가장 가까운 사람들이 모세를 비방합니다. 모세가 구스 여인을 취하자 미리암과 아론이 모세의 잘못을 들추어내면서 모세의 지도력을 깎아 내린 것입니다.민 12:1

모세의 권위가 무너지는 그 순간, 하나님께서 직접 나타나셔서 그들에게 말씀하십니다.

"이르시되 내 말을 들으라 너희 중에 선지자가 있으면 나 여호와가 환상으로 나를 그에게 알리기도 하고 꿈으로 그와

📖 지혜창고

사적관계 공적관계 / 모세, 아론, 미리암 삼남매. 말 잘하는 아론이 동생 모세와 손을 잡고 아주 훌륭하게 사명을 감당해 주었다. 그리고 출애굽해서 홍해를 건넜을 때 하나님의 그 놀라우신 역사를 찬양하는 데 미리암이 소고 치면서 앞장섰다. 이들의 남매관계는 참 소중한 관계이다. 하지만 비록 그들이 사적으로는 남매이지만 공적으로는 지도자 그룹의 관계를 가지고 있었다.

말하기도 하거니와 내 종 (　　　　　)와는 그렇지 아니하니 그는 내 온 집에 (　　　　　)함이라 그와는 내가 대면하여 명백히 말하고 은밀한 말로 하지 아니하며 그는 또 여호와의 형상을 보거늘 너희가 어찌하여 내 종 모세 비방하기를 (　　　　　)하지 아니하느냐" 민 12:6-8

하나님의 입장에서 모세의 권위가 세워지는 것은 매우 중요한 문제였습니다. 왜냐하면 이스라엘을 가나안 땅까지 인도하기 위해서는 지도자 모세의 리더십이 필요하기 때문입니다. 이 일로 미리암은 한센병에 걸려 7일간 진영 밖에 머무르게 됩니다. 민 12:10-16 미리암 때문에 백성들 전체가 앞으로 나아가지 못했으니, 아마 이스라엘 백성 모두가 이 사건의 전말을 알게 되었을 것입니다.

모세는 자신에 대한 원망과 비방을 온유함으로 참았고, 하나님께서는 그런 그의 권위를 세워 주셨습니다. 우리는 이 모든 일들을 통해 모세가 온유하고 충성된 사람이었다는 또 하나의 평가도 내려볼 수 있습니다. 민 12:3, 7

보석찾기 ○●●

1년 동안 하나님께서 큰 관심과 사랑으로 이스라엘을 돌보셨음에도 불구하고, 이스라엘 백성들의 준비가 미흡했음이 드러나는 사건들은 무엇인지 민수기 11-12장에서 찾아 적어봅시다.

마음나누기 ○●●

지금 내 삶 속에 있는 감사의 조건들 5가지만 찾아 적어봅시다. 이와 같은 감사의 조건들을 늘 기억한다면 마음속의 불평들은 곧 사라질 것입니다.

기도 ○●●

하나님의 거룩하고 크신 뜻을 무시한 채 환경이 조금만 힘들고 어려워도 쉽게 불만을 터뜨리는 것이 우리의 모습이었음을 고백합니다. 인생의 광야학교에서 인내를 배워가게 하시고, 영광의 부활 이전에 십자가의 고통이 있음을 기억하게 하셔서, 매일 매일 감사의 생활을 이어가게 하소서.

나무 47

출애굽세대의 선택, 하나님의 선택

민 13-14장

찬양

찬송가 – 344장 · 이 눈에 아무 증거 아니 뵈어도
찬　양 – 믿음 따라 걸음마다

기도

이 시간, 말씀을 통독하는 가운데 하나님의 마음과 뜻을 깨달아 알 수 있도록 지혜를 주옵소서.

마음열기

당신은 크게 두렵거나 마음이 불안해서 어떤 일을 시작하기도 전에 포기해버리고 말았던 경험이 있습니까?

함께읽기

함께 민수기 13장을 읽어봅시다.

친해지기

약속의 땅을 눈앞에 둔 이스라엘 백성들은 가나안으로 들어가기 전에 어떤 일을 하였습니까? 그 결과는 무엇입니까?

말씀의 숲길로 ○●●

드디어 약속의 땅 가나안 근처에 당도한 이스라엘. 하나님께서 모세에게 가나안 땅을 정탐할 사람들을 각 지파 중에서 한 명씩 선발하라 하십니다.[민 13:1-2] 그런데 사실 정탐을 보내는 것은 이스라엘 백성들 쪽에서 먼저 제안한 것이었습니다.[신 1:20-23] 가나안을 눈앞에 두고 모세가 "너희에게 이르신 대로 올라가서 차지하라, 두려워하지 말라, 주저하지 말라" 하였더니, 백성들이 와서 하는 말이, "먼저 가서 보고, 어떻게 할지 방법을 찾아봅시다"라고 했던 것입니다. 모세가 한 발 물러서서 이 주장을 받아들이고, 또 하나님께서 이 일을 허락해 주십니다. 그래서 당시 각 지파에서 촉망받는 젊은 지도자 12명을 가나안을 정탐할 사람들로 뽑았습니다. 그들은 모두 여호수아와 갈렙 정도의 수준을 갖춘 차세대 지도자들이었습니다.

그들은 40일 동안 가나안 땅을 두루 정탐했습니다. 그런데 정탐을 마치고 돌아온 열두 명 중 열 명과 두 명의 이야기가 판이하게 다릅니다. 열 명의 정탐꾼들은 기골이 장대한 가나안 거민들과 견고한 성읍들을 보고 두려움에 사로잡힌 나머지, 옛적부터 그 땅을 이스라엘에게 주겠다고 약속하신 하나님의 말씀을 잊어버리고 맙니다. 그 결과, 이스라엘을 향한 하나님의 계획을 정면으로 거부하는 보고를 하게 됩니다. 그들의 보고를 들어보십시오.

☑ 알아두기

원망의 여정

1. 다베라
악한 말로 하나님을 원망함 → 여호와의 불이 진영 끝을 불사름(민 11:1-3).

2. 기브롯 핫다아와
고기가 먹고 싶다 원망함 → 고기를 씹기 전에 큰 재앙으로 죽음(민 11:4-35).

3. 하세롯
모세가 구스 여자를 취한 것에 대해 미리암이 비방함 → 미리암이 7일간 한센병에 걸림(민 12:1-16).

4. 가데스 바네아
약속한 땅의 정탐 보고를 듣고 애굽으로 돌아가자며 모세를 죽이려 함 → 광야에서 40년간 방황하게 됨(민 13-14장).

5. 호르마
고라와 다단과 아비람이 당을 짓고 모세와 아론을 거스름 → 반역의 주동자와 가족들이 산 채로 매장됨(민 16:1-35).

6. 신 광야 가데스
물이 없다고 모세에게 원망함 → 모세가 급한 나머지, 반석에서 '명하여' 물을 내지 않고 반석을 '쳐서' 물을 냄. 모세와 아론은 가나안에 못 들어가게 됨(민 20:2-13).

7. 에돔 땅
험한 길로 인하여 원망함 → 불뱀에 물려 많은 사람이 죽음(민 21:4-9).

"그와 함께 올라갔던 사람들은 이르되 우리는 능히 올라가서 그 백성을 치지 못하리라 그들은 우리보다 강하니라 하고 이스라엘 자손 앞에서 그 정탐한 땅을 악평하여 이르되 우리가 두루 다니며 정탐한 땅은 그 거주민을 삼키는 땅이요 거기서 본 모든 백성은 신장이 장대한 자들이며 거기서 네피림 후손인 아낙 자손의 거인들을 보았나니 우리는 스스로 보기에도 메뚜기 같으니 그들이 보기에도 그와 같았을 것이니라" 민 13:31-33

그 여파는 모든 백성들에게까지 미칩니다. 홍해가 갈라지는 모습, 하늘 문이 열리고 만나가 내리는 모습, 반석에서 물이 터져 나오는 모습을 그들의 눈으로 직접 보았음에도 불구하고, 이들은 가데스 바네아 바란 광야에서 결정적으로 잘못된 선택을 해버리고 만 것입니다.

"이스라엘 자손이 다 모세와 아론을 원망하며 온 회중이 그들에게 이르되 우리가 애굽 땅에서 죽었거나 이 광야에서 죽었으면 좋았을 것을 어찌하여 여호와가 우리를 그 땅으로 인도하여 칼에 쓰러지게 하려 하는가 우리 처자가 사로잡히리니 애굽으로 돌아가는 것이 낫지 아니하랴" 민 14:2-3

결국 하나님의 약속을 잊어버린 자들이 내어놓은 대안은 정말 어처구니없게도 애굽으로 돌아가자는 것이었습니다. 하나님의 백성으로 사는 것보다 애굽의 노예로 사는 것이 좋겠다면서 말입니다. 하나님께서 5백여 년 가까이 꿈꾸어 오신 일을 정면으로 거부한 것입니다. 참으로 통탄할 일입니다. 이때 여호수아와 갈렙이 옷을 찢으면서 이야기합니다.

> "이스라엘 자손의 온 회중에게 말하여 이르되 우리가 두루 다니며 정탐한 땅은 심히 (   ) 땅이라 여호와께서 우리를 기뻐하시면 우리를 그 땅으로 인도하여 들이시고 그 땅을 우리에게 주시리라 이는 과연 젖과 (   )이 흐르는 땅이니라 다만 여호와를 거역하지는 말라 또 그 땅 백성을 두려워하지 말라 그들은 우리의 (   )라 그들의 보호자는 그들에게서 떠났고 여호와는 우리와 함께 하시느니라 그들을 두려워하지 말라 하나" 민 14:7-9

그러나 이 두 사람의 간절한 외침도 소용이 없습니다. 온 백성은 그들을 돌로 치려합니다. 그때 하나님께서 나타나셔서 "이 백성이 어느 때까지 나를 멸시하겠느냐 내가 그들 중에 많은 이적을 행하였으나 어느 때까지 나를 믿지 않겠느냐 내가 전염병으로 그들을 쳐서 멸하고 네게 그들보다 크고 강한 나라를 이루게 하리라" 민 14:11-12라고 말씀하십니다.

비록 모세의 간절한 중보기도로 하나님께서 이스라엘 백성의 죄를 용서하시긴 하지만, 이 사건으로 인해 가나안 땅 정복 계획은 40년 후로 연기될 수밖에 없었습니다.

"너희는 그 땅을 정탐한 날 수인 사십 일의 하루를 일 년으로 쳐서 그 사십 년간 너희의 죄악을 담당할지니 너희는 그제서야 내가 싫어하면 어떻게 되는지를 알리라 하셨다 하라

나 여호와가 말하였거니와 모여 나를 거역하는 이 악한 온 회중에게 내가 반드시 이같이 행하리니 그들이 이 광야에서 소멸되어 거기서 죽으리라" 민 14:34-35

αΩ 원어해설

샤마 שָׁמַע : 청종하다 (민 14:22) / '청종하다' 라는 동사 '샤마'는 '주의 깊게 듣다', '순종하다'를 의미한다. 따라서 '청종하지 아니한'은 하나님 말씀에 순종하지 않고 자신의 의지대로 행동하는 불신앙을 가리킨다.

애굽과 광야에서 하나님께서 행하신 이적을 똑똑히 목격하여 놓고도 열 번이나 하나님을 시험하고 하나님의 목소리를 청종하지 아니한 그들은 하나님께서 그 조상들에게 맹세하신 땅을 볼 기회를 잃어버리고 만 것입니다.

그래도 하나님께서는 이스라엘 백성을 완전히 포기하지는 않으십니다. 하나님께서는 애굽 회귀(回歸)를 선택한 그들에게조차도 은혜를 주시며 이 사건 이후에도 40년간 변함없이 만나를 내려주십니다. 또한 광야학교에 출애굽세대의 자녀세대들을 입학시키셔서 거룩한 하나님의 백성 교육을 다시 시작하십니다.

보석찾기 ○●●

하나님의 관점을 소유했던 여호수아와 갈렙의 상황판단 민 13:30, 14:7-9과 그렇지 못했던 사람들의 상황판단민 13:31-33의 차이는 무엇이며 그 이유는 무엇인지 비교해 봅시다.

마음나누기 ○●●

삶 속에서 두려운 마음, 부정적인 마음이 들 때마다 당신에게 믿음과 능력을 더하는 성경구절이나 성경이야기가 있습니까? 그 말씀으로 힘과 위로를 받았던 경험을 나눠봅시다.

기도 ○●●

거듭된 불신앙과 패역함에도 불구하고 이스라엘을 끝까지 포기하지 않으시는 하나님, 그 은혜를 오늘 우리에게도 동일하게 부어주시니 감사합니다. 인생의 광야학교를 지나는 동안, 제 자신의 좁은 생각보다는 하나님의 약속과 계획을 온전히 믿고 따르며 살아가게 하옵소서.

나무 48

광야학교에서의 불순종과 은혜

민 15–17장

찬양

찬송가 – 278장 · 사랑하는 주님 앞에
찬 양 – 날 구원하신 주 감사

기도

이 시간, 말씀을 통독하는 가운데 하나님의 마음과 뜻을 깨달아 알 수 있도록 지혜를 주옵소서.

마음열기

다른 사람이 가진 어떤 것이 욕심나서 그것을 얻고자 특별한 노력을 해본 적이 있습니까?

함께읽기

함께 민수기 16장을 읽어봅시다.

친해지기

민수기 16장에는 하나님의 주권에 대한 또 한 번의 불의한 도전이 기록되어 있습니다. 주동자들은 누구이며, 그들이 말한 반역의 이유는 무엇이었습니까?

말씀의 숲길로 ○●●

이스라엘 백성의 믿음 없는 행동에 진노하시며 그들을 멸망시키겠다고 하셨던 마음을 돌이키신 하나님께서는 제사 규례를 일러주심으로써 다시 이스라엘 백성의 하나님이 되고자 하십니다. 이스라엘 백성들의 생각과는 달리, 하나님은 가나안 땅에 들어갈 것을 전제로 그 땅에서 행할 제사와 지킬 규례에 대해 말씀하시는 것입니다. 이는 땅에 대한 약속을 반드시 이루실 것임을 암시해 주신 것입니다.

그러나 이스라엘 백성들은 이와 같은 하나님의 뜻과는 정반대의 모습을 보입니다. 철저한 자기반성이 없으면 불만이 생기는 법이지요. 이스라엘 백성들은 원인 제공자인 자신들의 잘못을 깊이 반성하기보다는 가나안에 들어가지 못하게 된 결과만을 놓고 모세에게 불만을 드러냅니다. 제사장의 직분을 탐내고 있던 몇몇 레위인들이 일부 백성들을 선동하여 모세에 대항하는 당을 만들고 반역합니다. 그로 인해 이스라엘은 또다시 일대 위기를 맞이하게 됩니다.[민 16장]

> "레위의 증손 고핫의 손자 이스할의 아들 고라와 르우벤 자손 엘리압의 아들 다단과 아비람과 벨렛의 아들 온이 당을 짓고 이스라엘 자손 총회에서 택함을 받은 자 곧 회중 가운데에서 이름 있는 지휘관 이백오십 명과 함께 일어나서 (   )를 거스르니라 그들이 모여서 모세와 아론을 거슬러 그들에게 이르되 너희가 (   )에 지나도다 회중이 다 각각 (   )하고 여호와께서도 그들 중에

계시거늘 너희가 어찌하여 여호와의 총회 위에 스스로 높이느냐"민 16:1-3

결국 이 위기는 하나님의 직접적인 개입으로 해결됩니다. 무리를 선동했던 고라, 다단, 아비람 가족은 땅이 입을 벌려 그들을 삼키는 무서운 벌을 받습니다. 그들과 같은 편에 섰던 지휘관 250명도 하나님의 불에 죽었고, 이튿날 모세와 아론을 둘러싸고 대항하는 백성들에게 진노하신 하나님의 벌로 14,700명이 염병에 걸려 죽습니다. 하나님을 거역했던 이들의 비극적 최후였습니다.

이 사건 후, 제사장 아론의 권위를 다시 세울 필요가 있었습니다. 그래서 하나님께서는 모든 백성이 볼 수 있도록 아론의 지팡이에 꽃이 피고 살구 열매가 맺히도록 하는 기적을 베풀어 주십니다. "이튿날 모세가 증거의 장막에 들어가 본즉 레위 집을 위하여 낸 아론의 지팡이에 움이 돋고 순이 나고 꽃이 피어서 살구 열매가 열렸더라"민 17:8

사실 아론의 지팡이에 싹이 나게 하신 기적은 하나님이 유쾌한 기분으로 행하신 것이 아니라 쓸쓸한 마음 가운데 행하신 기적입니다. 아론의 제사장 직분은 하나님이 세운 직분이요 사명이었습니다. 하지만 백성들은 그들을 위한 하나님의 마음을 이해하지도 못한 채 아론의 지도력을 거부했던 것입니다. 이에 하나님께서는 아론의 지팡이에 싹이 나게 하셔서 아론의 지도력을 확고하게 세워주셨습니다.

보석찾기 ○●●

민수기 11장에서 21장에 걸쳐 나오는 이스라엘 백성들의 '원망의 여정' 을 찾아 적어봅시다.

다베라(민 11:1–3) – (   ) (민 11:4–35)

– 하세롯(민 12:1–16) – (   ) (민 13–14장)

– 호르마(민 16:1–35) – (   ) (민 20:2–13)

– (   ) (민 21:4–9)

마음나누기 ○●●

태어나서 지금까지의 삶을 돌아보며, 하나님께 크게 감사를 드려야 할 순간들, 즉 하나님을 향한 '감사의 여정' 을 정리해 봅시다.

____

____

____

____

기도 ○●●

참된 권위는 바로 모든 권위의 근원이신 하나님께로부터 오며 하나님만이 온 우주만물을 주관하심을 믿습니다. 비록 조그맣고 보잘것없는 일이라 하여도 맡겨주신 사명과 역할에 최선을 다하여 봉사하는 일꾼이 되게 하시며, 언제나 감사와 자족의 마음이 풍성하도록 인도하소서.

나무 49

제사장과 레위인의 사명

민 18-19장

찬양

찬송가 – 372장 · 나 맡은 본분은
찬 양 – 지금 우리가 주님 안에 하나가 되어

기도

이 시간, 말씀을 통독하는 가운데 하나님의 마음과 뜻을 깨달아 알 수 있도록 지혜를 주옵소서.

마음열기

교회나 기타 공동체 안에서 당신이 맡고 있는 직분이나 책임은 무엇입니까? 그 일을 맡기 전과 후, 당신에게 달라진 점이 있다면 무엇입니까?

함께읽기

함께 민수기 18장을 읽어봅시다.

친해지기

제사장과 레위인, 그 각각의 사명은 무엇인지 민수기 18장 1-7절에서 찾아 적어봅시다.

말씀의 숲길로 ○●●

제사장 아론의 권위를 확고히 하신 하나님민 17장께서는 제사장을 도울 사람들로 레위인을 택하십니다.

> "여호와께서 아론에게 이르시되 너와 네 아들들과 네 조상의 가문은 성소에 대한 죄를 함께 담당할 것이요 너와 네 (   )들은 너희의 제사장 직분에 대한 (   )를 함께 담당할 것이니라 너는 네 형제 레위 지파 곧 네 조상의 지파를 데려다가 너와 함께 있게 하여 너와 네 아들들이 증거의 장막 앞에 있을 때 그들이 너를 (   ) 하라" 민 18:1-2

그들에게 부여된 역할은 제사장을 도와 성막에서 봉사하는 것이었습니다. 하나님과 이스라엘 백성 사이에서 중재자의 역할을 감당해야 했던 제사장과 레위인에게 하나님께서는 영원한 기업이 되어주시겠다고 말씀하십니다. 하나님께서는 이것을 제사장과 레위인에게 변하지 않는 "소금 언약" 민 18:19 이라고 말씀하십니다. 레위 지파는 이렇게 다른 지파들을 대신해서 구별되고 그 직분에 따른 사명을 부여받습니다.

직분은 계급이 아닙니다. 제사장과 레위인, 이들은 이스라엘이 하나님의 백성 되는 데에 중심적으로 역할을 감당해야 할 사람들입니다. 그런데 고라를 비롯한 반역의 무리들은 제사장 직분을 일종의 특권이라는 차원에서만 생각했습니다. 그래서 그들은 레위인보다 더 지위가 높고, 특권이 많은 제사장의 위치에 올라가고 싶었던 것이지요. 그러나 제사장 직분은 특권만 누리는 자리가 결코 아닙니다. 그들은 하나님께 제사를 드릴 때 생명을 걸 만큼 신중해야 합니다. 특권이 있는 만큼 사명도 무겁습니다. 그래서 하나님께서는 제사장과 레위인의 관계를 다시 한번 설명하시면서, 그들에게 주어지는 특권은 반드시 막중한 책임과 연결되어 있다는 사실을 재확인시켜 주십니다.

레위인은 이스라엘 자손이 하나님께 드리는 십일조를 기업으로 받게 됩니다.[민 18:23-24] 이런 레위인의 모습은 특권으로 비춰질 수 있는데 실제로는 가까이에서 하나님을 모시는 만큼 무거운 책임이 그들에게 주어져 있습니다. 주어진 일을 제대로 감당하지 못할 경우, 생명을 대가로 지불해야 합니다. 레위인의 헌신을 요구하신 하나님은 이스라엘 백성들에게도 소유의 십일조를 성실히 드리도록 명령하십니다. 이는 그것이 제사장과 레위인의 기업이 되기 때문입니다.

이스라엘 백성을 향하신 하나님의 관심과 배려는 공동체 생활의 세밀한 부분에까지 구체적으로 이르고 있습니다. 민수기 19장에서 하나님은 시체를 만진 사람과 시체의 처리에 관해 말씀하십니다. 공동체 생활을 하는 이스라엘 백성에게는 죽은 시체와 같은 것들을 통해 질병이 쉽게 퍼질 수 있기 때문입니다. 하나님께서는 이스라엘 백성들이 사람의 시체를 만지는 것 자체를 금하시진 않습니다. 그러나 시체를 만진 사람은 규례에 따라 정결 의식을 치르도록 하여 공동체를 건강하게 유지하도록 하십니다.

보석찾기 ○●●

하나님께서 제사장에게 주신 '소금 언약'은 무엇이며, 그 언약을 주신 이유는 무엇인지 레위기 18장 19-20절을 찾아 적어봅시다.

마음나누기 ○●●

하나님께서 지금 당신에게 주신 아름다운 직분이 있습니다. 그 직분을 좀더 잘 감당하기 위한 작은 각오를 지금 적어봅시다.

기도 ○●●

하나님께서 우리에게 주신 사명의 중요성을 깨달아 희생과 헌신과 순결과 경건함으로 감당하게 하옵소서. 하나님의 영광을 위해 힘쓰는 자들의 수고를 결코 헛되이 돌리지 않으시는 하나님, 이 땅에서뿐 아니라 영원한 하늘나라에서도 주의 일꾼들을 기억하시고 넉넉한 상급으로 채워 주옵소서.

나무 50

엄격한 기준과 능동적 순종

민 20-21장

찬양 **찬송가 –** 455장 · 주 안에 있는 나에게
찬 양 – 너 어디 가든지 순종하라

기도 이 시간, 말씀을 통독하는 가운데 하나님의 마음과 뜻을 깨달아 알 수 있도록 지혜를 주옵소서.

마음열기 평소 '순종'이라는 단어에 대한 당신의 생각이나 느낌은 무엇입니까? 오늘 나무의 제목 가운데 '능동적 순종'이 의미하는 것은 무엇일까요?

함께읽기 함께 민수기 20장을 읽어봅시다.

친해지기 민수기 20장에는 모세가 가나안에 입성할 수 없게 되는 중대한 사건이 언급되고 있습니다. 모세가 가나안에 들어가지 못하는 이유는 무엇입니까?

말씀의 숲길로 ○●●

모세에게 단지 누나 이상이었던 미리암. 그녀가 죽어 신 광야 가데스에 장사됩니다.[민 20:1] 미리암은 어린 모세가 누운 갈대상자를 건진 바로 공주에게 가서 "유모를 구해올까요?"라고 물었던 사람이었고, 또 출애굽 후 홍해를 건넜을 때엔 손에 소고를 잡고 하나님을 찬양했던 사람입니다. 그녀는 모세에게 생명의 은인이며 소중한 동지였습니다.

그런 미리암을 잃은 슬픔이 가시기도 전, 바로 그곳에서 물이 떨어지자 백성들이 또 다시 모세와 아론을 원망하기 시작합니다.

"회중이 물이 없으므로 모세와 아론에게로 모여드니라 백성이 모세와 다투어 말하여 이르되 우리 형제들이 여호와 앞에서 죽을 때에 우리도 죽었더라면 좋을 뻔하였도다 너희가 어찌하여 여호와의 회중을 이 광야로 인도하여 우리와 우리 짐승이 다 여기서 죽게 하느냐 너희가 어찌하여 우리를 애굽에서 나오게 하여 이 나쁜 곳으로 인도하였느냐 이곳에는 파종할 곳이 없고 무화과도 없고 포도도 없고 석류도 없고 마실 물도 없도다"[민 20:2-5]

"어찌하여 애굽에서 나오게 하여 이리 고생을 하게 하는가? 무화과도 없고, 포도도 없고, 이것도 없고, 저것도 없고…." 저들의 말이 맞습니다. 하지만 크고 위대하신 하나님께서

계십니다. 매일 하늘에서는 만나도 내립니다. 그런데 이들은 없는 것만 세고 있습니다. 그러자 모세와 아론이 회막문 앞에 엎드립니다.[민 20:6] 그러고 보니, 모세는 사람 앞에, 하나님 앞에 엎드리는 일을 참 잘 합니다. 말이 안 통하는 사람하고는 다투지 말고 조용히 비켜서든지, 아니면 엎드리든지 해야 살아남을 수 있지요. 모세는 자주 엎드렸습니다. 가데스 바네아에서도 엎드렸고,[민 14:5] 고라 무리가 반역할 때도 엎드리고,[민 16:4] 지금도 엎드립니다.

그러자 하나님께서 반석에게 "명하여" 물을 내라고 하십니다. "지팡이를 가지고 네 형 아론과 함께 회중을 모으고 그들의 목전에서 너희는 반석에게 명령하여 물을 내라 하라 네가 그 반석이 물을 내게 하여 회중과 그들의 짐승에게 마시게 할지니라"[민 20:8] 그런데 모세는 손을 들어 지팡이로 반석을 "쳐서" 물이 나오게 합니다. 이것으로 백성들의 원성은 잠재울 수 있었지만, 하나님께선 모세에게 중대한 선언을 하십니다.

> "여호와께서 모세와 아론에게 이르시되 너희가 나를 (   ) 아니하고 이스라엘 자손의 목전에서 내 (   )을 나타내지 아니한 고로 너희는 이 회중을 내가 그들에게 준 (   )으로 인도하여 들이지 못하리라 하시니라"[민 20:12]

하나님의 거룩함을 드러내지 않았으니, 모세와 아론은 가나안 땅에 들어갈 수 없다는 것입니다. 이후에 모세는 제발 요단을 건너가 아름다운 땅을 보게 해달라고 하나님께 간구합

▶ 리더십

엄격한 기준 / 모세에게 있어서 일생을 다해 가장 후회스러운 사건이 발생하고 만다. 사건의 발단은 광야에 살고 있는 이스라엘 백성과 모세에게 늘 골칫거리였던 식수가 다 떨어진 것이었다. 반석에서 물을 내는 방법, 곧 하나님께서 모세에게 주신 방법은 반석에게 명령하는 것이었다. 그런데 모세는 그만 하나님의 말씀대로 하지 않고 지팡이로 반석을 두 번 치게 된다. 어찌 보면 아무것도 아닌 것 같은 차이, 그러나 하나님께서는 모세에게 그 정도의 불순종도 용납하지 않으신다. 그리고 그에게 가나안 땅에 들어갈 수 없다는 선언을 하신다.

니다. 하지만 하나님께서는 그저 가나안 땅을 멀리서 바라보게 하는 것으로 만족케 하십니다.신 3:23-29

에돔 땅 근처의 호르 산에 다다랐을 때, 그동안 때로는 모세의 대행으로, 때로는 모세의 조력자로, 백성들의 지도자로 한 시대를 풍미했던 아론이 본향으로 돌아갑니다. 약속의 땅 가나안을 눈앞에 두고 그는 하나님의 부르심을 받았습니다. 그리고 그의 아들 엘르아살이 그의 역할을 대신하게 됩니다.

이렇게 아론도 죽고, 출애굽세대의 대표자들이라 할 수 있는 모세, 아론, 미리암 중 모세만 남아서 이스라엘을 약속의 땅 가나안으로 이끌고 있습니다. 모세는 자신이 가나안에 못 들어간다는 사실에도 불구하고, 그의 남은 삶을 소홀히 하지 않습니다. 성실하게 이스라엘의 가나안 입성을 준비합니다. 가나안에 가까워질수록 이스라엘은 여러 이방 족속들과 전쟁을 치러야 했는데, 요단 동편을 점령할 때에 모세가 그 전쟁을 이끕니다.민 21장 또한 혼신을 다해서 만나세대들에게 꼭 전해야 할 사항들을 설교하는데, 그것이 바로 신명기입니다.

민수기 21장에 나타난 세 차례의 전쟁 승리로, 이스라엘이 요단 동편의 땅(호르마, 아모리 왕 시혼의 땅, 바산 왕 옥의 땅)을 얻은 일은 하나님의 약속의 성취가 가까워졌음을 암시해 주고 있습니다. 한편 생활환경에 대한 백성들의 불평은 여전히 계속되고 있습니다. 백성들은 "어찌하여 우리를 애굽에서 인도해 내어 이 광야에서 죽게 하는가 이곳에는 먹을 것도 없고 물도 없도다 우리 마음이 이 하찮은 음식을 싫어하노라"민 21:5라고 하며 하나님과 모세를 향하여 원망합니다. 식량을 구할 수 없는 광야에서 그들에게 날마다 부어주시는 은혜의 양식, '만나'를 가리켜 이제는 '하찮은 음식'이라는 표현을 쓰며 하나님의 사랑을 저버리고 있는 것입니다.

그에 대하여 하나님께서는 불뱀을 보내어 징계하시지만 다시 놋뱀을 만들고 그것을 바라보는 자로 하여금 살게 하셔서 궁극적으로는 이스라엘을 아끼고 계심을 보여 주십니다.

보석찾기 ○●●

하나님께서 모세에게 정하신 엄격한 기준은 무엇이며, 그에 대해 능동적으로 순종하는 모세의 태도는 어떻게 드러나는지 민수기 20장 12, 23-24절과 신명기 3장 23-29절을 참고하여 적어봅시다.

마음나누기 ○●●

당신이 최선을 다하던 일에서 물러나게 될 때가 있을 것입니다. 그때 당신의 후임자에게 당신이 가장 듣고 싶은 칭찬은 무엇입니까?

기도 ○●●

하나님께서 인생들의 모든 필요를 아시고 부족함 없이 채워주시는 은혜를 베푸심에도 불구하고 우리의 입술에 감사보다는 불평이 더 많지는 않은지 돌아봅니다. 이미 주신 것에 감사하며, 맡기신 사명을 거두시는 그날까지 온 정성을 다해 능동적으로 순종하며 헌신하는 자가 되게 하옵소서.

숲이야기 2

성공적 계승

민수기 22-36장

나무 51

하나님 군대의 명성

민 22-24장

찬양 **찬송가 –** 394장 · 주를 앙모하는 자
찬 양 – 주의 강한 용사들

기도 이 시간, 말씀을 통독하는 가운데 하나님의 마음과 뜻을 깨달아 알 수 있도록 지혜를 주옵소서.

마음열기 당신은 오랜 훈련 끝에 그 명성이 높아진 사람의 경우를 주위에서 본 적이 있습니까?

함께읽기 함께 민수기 22장을 읽어봅시다.

친해지기 요단 동편의 막강한 족속들을 물리친 이스라엘은 당당히 진군하기 시작했습니다. 이 소식을 듣고 큰 두려움을 느낀 모압 왕 발락이 이스라엘을 막기 위해 취한 조치는 무엇이었습니까?

하나님께서 이스라엘을 애굽에서 부르실 때 그들은 '여호와의 군대'로 부름 받았습니다.출 12:41 그러나 당시 이스라엘은 아직 실제적인 군대로서의 면모를 갖추지 못했음은 물론, 주변 민족이 함부로 대하는 민족이었습니다. 그 후 40여 년 간, 하나님께서는 그들을 훈련시키시고 조직을 정비하게 하셨습니다. 이로써 이스라엘이 가나안 근처에 이르렀을 즈음에는 주변국들에게 명성을 떨칠 만한 하나님의 군대로 변모되어 있었습니다. 그 사실은 모압의 발락 왕이 이스라엘의 소식을 듣고 두려워 떠는 사실에서 확인할 수 있습니다.

> "십볼의 아들 발락이 이스라엘이 아모리인에게 행한 모든 일을 보았으므로 모압이 심히 두려워하였으니 이스라엘 백성이 많음으로 말미암아 모압이 (　　　　　) 자손 때문에 번민하더라 미디안 장로들에게 이르되 이제 이 무리가 소가 밭의 (　　)을 뜯어먹음 같이 우리 사방에 있는 것을 다 뜯어먹으리로다 하니 그 때에 십볼의 아들 발락이 (　　　　) 왕이었더라"민 22:2-4

고민 끝에 모압 왕 발락이 찾은 대책은 선지자 발람을 시켜 이스라엘을 저주하도록 하는 것입니다. 발락은 선지자 발람을 초대하여 이스라엘을 저주하도록 당부합니다. "내가 그대를 높여 크게 존귀하게 하고 그대가 내게 말하는 것은 무엇이든지 시행하리니 청하건대 와서 나를 위하여 이 백성을 저주하라"민 22:17

하나님은 그들을 따라가지 말라고 발람에게 말씀하십니다. "너는 그들과 함께 가지도 말고 그 백성을 저주하지도 말라 그들은 복을 받은 자들이니라"[민 22:12]라고 하시며 발락의 유혹을 따르지 말 것을 당부하셨던 것입니다. 그런데 두세 차례 반복되는 초대와 물질 공세에 그만 발람은 흔들리고 맙니다. 하나님께서는 어쩔 수 없이 발람이 모압에 가는 것을 허락하십니다. 그러나 물질과 명예에 대한 욕심에 붙들린 발람은 모압으로 향하는 길에서 여호와의 사자로부터 책망을 받습니다.[민 22:32]

이 일을 계기로 발람은 하나님의 말씀만을 전할 준비가 됩니다. 하나님께서는 욕심의 발로로 발락에게 간 발람의 입에 당신의 말씀을 넣어 이스라엘을 축복하게 하십니다. 하지만 어리석은 모압 왕 발락은 발람으로부터 하나님의 뜻을 전해 들었음에도 불구하고, 이스라엘을 저주하려는 시도를 포기하지 않습니다. 발락은 자신이 소유한 막대한 권력과 재물이 사람을 높이기도 하고 낮출 수도 있다고 생각했습니다. 이것이 바로 발락이 끝까지 대세를 읽지 못하고 하나님을 대적하게 된 이유였습니다.

보석찾기 ○ ● ●

가나안 족속들이 이스라엘 백성들을 두려워하게 된 이유 두 세 가지를 민수기 22장 1-4절과 여호수아 2장 8-11절을 참고하여 적어봅시다.

마음나누기 ○ ● ●

당신은 당신이 속한 공동체와 사회 속에서 하나님의 명성을 높이기 위해 어떤 노력을 기울여갈 계획입니까?

기도 ○ ● ●

인간의 생사화복을 주관하시는 하나님, 이 세상을 살아가면서 세상을 두려워하지 않게 하옵소서. 그리스도의 군사 된 성도로서 대장 되신 그리스도를 믿고 의지함으로 세상 앞에 담대히 서게 하옵소서. 그리하여 이 땅에서 하나님의 명성을 높이는 자들이 되게 하옵소서.

나무 52

성공적 계승을 위한 결단

민 25-30장

찬양 **찬송가 –** 254장 · 주 은총 입은 종들이
찬 양 – 민족의 가슴마다

기도 이 시간, 말씀을 통독하는 가운데 하나님의 마음과 뜻을 깨달아 알 수 있도록 지혜를 주옵소서.

마음열기 당신은 부모님이나 스승, 선배로부터 가치 있는 물건이나 생각을 계승받은 경험이 있습니까? 그 계승의 유익은 무엇이었습니까?

함께읽기 함께 민수기 27장을 읽어봅시다.

친해지기 이스라엘 백성들을 구해내고 광야 40년 동안 수많은 어려움 속에서 그들을 지도하여 온 모세는 가나안 땅을 눈앞에 두고도 들어가지 못하게 되었습니다. 이 시점에서 모세가 이스라엘을 위하여 하나님께 간구한 것은 무엇입니까?

말씀의 숲길로 ○●●

모압 왕 발락은 그가 가진 재물과 권력으로 이스라엘에 재앙을 내리게 하기 위해 갖은 노력을 다했습니다. 그러나 하나님께서는 이러한 외부의 위기를 발람을 통해 막아주셨습니다. 그런데 이제 이스라엘 내부에서 위기가 발생합니다. 이스라엘 백성이 모압 여자들과 음행을 저지른 것입니다. 그들의 음행은 한 걸음 더 나아가 모압의 신을 섬기는 데에까지 나아갔고, 하나님께서 이스라엘에게 진노하시는 일대 위기를 초래하게 됩니다.

결국, 모세가 "바알브올에게 가담한 사람들을 죽이라"고 명합니다. 그런데 여기저기에서 사람이 죽어가고 있는 이 심각한 상황을 아랑곳하지 않고 한 남자가 미디안 여인과 함께 막사에 들어갑니다. 이때 하나님의 질투심으로 질투한 한 사람이 있었습니다. 바로 아론의 손자 비느하스입니다.

"제사장 아론의 손자 엘르아살의 아들 비느하스가 보고 회중 가운데에서 일어나 손에 창을 들고 그 이스라엘 남자를 따라 그의 막사에 들어가 이스라엘 남자와 그 여인의 배를 꿰뚫어서 두 사람을 죽이니 염병이 이스라엘 자손에게서 그쳤더라" 민 25:7-8

이 위기의 순간, 아론의 손자 비느하스의 용기 있는 행동으로 다행히 민족의 멸망은 막을 수 있었지만, 이 일로 이스라엘 백성 2만 4천 명이 염병으로 죽어야 했습니다.

☑ 알아두기 / 지파별 인구변동(사람수)

지파	1차센서스	2차센서스	인구변동
르우벤	46,500	43,730	−2,770
시므온	59,300	22,200	−37,100
갓	45,650	40,500	−5,150
유다	74,600	76,500	+1,900
잇사갈	54,400	64,300	+9,900
스불론	57,400	60,500	+3,100
에브라임	40,500	32,500	−8,000
므낫세	32,200	52,700	+20,500
베냐민	35,400	45,600	+10,200
단	62,700	64,400	+1,700
아셀	41,500	53,400	+11,900
납달리	53,400	45,400	−8,000
총계	603,550	601,730	−1,820

이 사건이 있은 후, 하나님께서는 약속의 땅에 들어가기 위한 군대조직 편성과 땅 분배를 위해, 출애굽 이후 두 번째 인구조사를 시행하도록 하십니다.[민 26:1-4] 특이한 사실은 일곱 지파의 인구는 증가했지만 다섯 지파의 인구는 감소했다는 것입니다. 그러나 전체 인구수는 601,730명으로,[민 26:51] 1차 조사 때의 숫자 603,550명과 비교해 볼 때 큰 변동이 없습니다. 여러 가지 열악한 조건의 광야 생활 중에서도 하나님께서 함께하시고 지키신 결과라 할 수 있습니다.

☑ 알아두기

만나세대 / 하나님의 공과 의를 행하기에 적합하게 준비된 사람들의 수가 2차 인구조사에서 파악되었다.

모세가 지금까지 보여준 삶의 여정은 한 편의 드라마와도 같습니다. 40년의 궁중 생활과 40년의 광야 생활, 이 80년의 준비과정을 거쳐 그 후 40년 동안 이스라엘 백성을 인도해 온 지도자로서 그는 오로지 그의 민족을 하나님께서 약속하신 땅으로 인도하겠다는 한 가지 소망을 붙잡고 달려왔습니다. 이스라엘의 지도자로서 그가 흘린 땀과 눈물, 그의 헌신을 통해 패역한 이스라엘이 여기까지 보존될 수 있었습니다.

그런 그에게 하나님께서 죽음을 통보하십니다.[민 27:12-14] 그는 약속의 땅을 눈앞에 두고 삶을 마감해야 했습니다. 하지만 모세는 자신의 죽음을 놓고 슬퍼하거나 연연해하지 않습니다. 오히려 그는 이스라엘 백성을 염려하며 자신의 뒤를 이어 이스라엘을 이끌어갈 새로운 지도자를 구합니다. 마음 한켠에 자리 잡은 아쉬움을 뒤로 한 채, 모세는 하나님의 명령을 좇아 여호수아를 새 지도자로 세우고, 모든 존귀를 여호수아에게 돌림으로써 여호수아 체제를 견고히 합니다. 비록 자신이 직접 그 땅을 밟을 수는 없지만 민족을 약속의 땅으로 인도하는 사명을 마지막 순간까지도 감당하고 있습니다.

> "모세가 여호와께서 자기에게 (　　　　)하신 대로 하여 여호수아를 데려다가 제사장 엘르아살과 온 회중 앞에 세우고 그에게 (　　　　)하여 위탁하되 (　　　　)께서 모세에게 명령하신 대로 하였더라" 민 27:22-23

가나안 땅을 향해 달려가는 이스라엘에게 하나님께서는 변화된 환경 속에서도 그들의 중심은 어디에서든 하나님이어야 한다는 사실을 알려주시며 절기와 제사 규례를 말씀하십니다. 민 28-29장 인간의 나약함을 잘 아시는 하나님께서는 안식일, 월삭, 유월절 같은 절기와 기념일들을 정하셔서 하나님에 대해, 하나님이 하신 일에 대해 항상 기억할 수 있도록 배려하신 것입니다.

특히 이스라엘은 출애굽 사건을 한시라도 잊어서는 안 됩니다. 출애굽, 이것이 이스라엘 역사의 시작이기 때문입니다. 그리고 하나님께서 출애굽을 허락하신 이유와 목적대로, 즉 하나님을 섬기는 민족으로 멋지게 살아가는 것이 가나안 땅에서 살아갈 이스라엘 민족의 지향점입니다. 그래서 이스라엘이 지켜야 할 절기의 중심에는 유월절과 초막절이 있습니

▶ 리더십

계승 / 성공적 계승은 자기 욕심이 아닌 하나님의 꿈을 계승하는 것이다. 하나님의 꿈을 위해 살아온 사람들은 성공적으로 계승할 수 있다. 그러나 자신의 꿈과 욕망을 위해 살아온 사람들은 계승을 잘 할 수 없다.

- 계승의 성공자
  : 모세, 다윗, 예수님, 바울
- 계승의 실패자 : 사울

다. 이 절기들은 세월이 흐르고 시대가 변해도 이스라엘 공동체의 삶의 중심이요 신앙의 중심이 되어야 했습니다.

또한 예물을 드리는 것은 하나님이 어떤 분인지를 되새기며 그분을 인정하는 행위입니다. 하나님은 이스라엘에게 "내 헌물, 내 음식인 화제물 내 향기로운 것은 너희가 그 정한 시기에 삼가 내게 바칠지니라"라고 말씀하십니다. 이는 이스라엘이 누리고 소유하고 있는 것들이 하나님의 것임을 알게 하기 위함이었습니다. 우리의 행복은 하나님의 것을 하나님의 것으로 인정할 때 시작됩니다.

민수기 30장에는 사회적으로 약자였던 여성을 위한 규례가 나옵니다. 남성 중심의 사회에서 여자가 서원을 하고 그 서원을 지키기 위해서는 남자보다 더 많은 어려움과 장애물을 만날 수밖에 없었습니다. 따라서 여자가 서원을 하고 그 서원을 지키기 위해서는 남자들의 협조, 즉 아버지나 남편의 협력과 지원이 있어야만 했습니다. 서원은 하나님께 하는 것이기에 신중히 생각하고 서약해야 하며 또 서약한 것은 반드시 지켜져야 합니다. 그러나 인간의 경솔함을 잘 아시는 하나님은 서원한 것을 무효화 할 수 있도록 안전장치를 만드셨습니다. 이는 약자를 위한 하나님의 또 다른 배려였습니다.

보석찾기 ○●●

모세가 자신의 꿈을 여호수아에게 전달하기 위해 애쓰고 있는 장면민 27:15-23에서 모세가 한 일은 무엇인지 찾아봅시다.

마음나누기 ○●●

지금 당신이 속한 공동체에서 신앙적으로 계승해야 될 만한 일은 무엇인지 찾아보고, 그것을 구체적으로 어떻게 계승할 것인지 방법을 생각해 봅시다.

기도 ○●●

하나님께서 약속하신 가나안 땅을 목전에 두고서 후계자를 위해 기도한 모세처럼 하나님의 계획에 겸손히 순종하는 자가 되게 하옵소서. 우리들의 삶 속에서 우리 자신의 영광이 아닌 오직 하나님의 영광을 드러내며 하나님의 일을 아름답게 계승하는 자가 되게 하옵소서.

나무 53

모세와 요단 동편 땅들

민 31-36장

찬양

찬송가 – 376장 · 내 평생 소원 이것뿐
찬　양 – 너는 크게 자유를 외치라

기도

이 시간, 말씀을 통독하는 가운데 하나님의 마음과 뜻을 깨달아 알 수 있도록 지혜를 주옵소서.

마음열기

지금까지 당신이 거쳐왔던 삶의 장소들을 떠올려 보십시오. 민 33장 참고 당신의 인생에서 각각의 장소들은 어떤 의미를 가지고 있습니까?

함께읽기

함께 민수기 33장을 읽어봅시다.

친해지기

요단을 건넌 이스라엘 백성들이 해야 할 일들이 무엇인지 모세를 통해 말씀하셨습니다.[민 33:50-56] 무엇입니까?

말씀의 숲길로 ○●●

불세출의 지도자 모세가 그에게 있어 마지막 사명이라 할 수 있는 미디안과의 전쟁을 수행합니다.[민 31:1-12] 미디안 족속은 이스라엘 백성들을 유혹하여 우상숭배와 음행에 빠지게 했던 족속입니다.[민 25:6-18] 이스라엘은 큰 승리를 거두었고 가나안 땅을 점령할 수 있다는 강한 자신감을 갖게 되었습니다. 모세의 그 어디에서도 하나님으로부터 죽음을 선고받은 자의 쓸쓸한 모습은 찾아볼 수 없습니다. 모세는 지금까지 자신의 욕심과 야망을 위해 일한 것이 아니라, 오직 하나님의 계획을 실현하기 위해 헌신했던 것이기에 자신의 역할에 만족하며 마지막 사명에 최선을 다하고 있습니다.

√ 알아두기

40년 광야기간 중 있었던 싸움

성경구절	대적자	싸움장소
출 17:8-16	아말렉	르비딤
민 14:45	아멜렉과 가나안인	호르마
민 21:1-3	아랏	호르마
민 21:21-25	아모리	야하스
민 21:33-35	바산	에드레이
민 31:1-12	미디안	?

이스라엘이 거주할 땅은 요단 강을 중심으로 동쪽과 서쪽으로 나누어집니다. 요단 강 동쪽은 이미 점령했고 이제 서쪽이 남아 있습니다. 그런데 요단 서쪽 지역을 점령하기 전에 동쪽 지역에 머물겠다고 하는 사람들이 생겼습니다.[민 32장] 그들은 르우벤 지파와 갓 지파입니다.

> "곧 여호와께서 이스라엘 회중 앞에서 쳐서 멸하신 땅은 (　　　　)할 만한 장소요 당신의 종들에게는 가축이 있나이다 또 이르되 우리가 만일 당신에게 (　　　　)를 입었으면 이 땅을 당신의 종들에게 그들의 소유로 주시고 우리에게 (　　　　) 강을 건너지 않게 하소서"[민 32:4-5]

큰 틀에서 볼 때, 아직은 땅을 점령할 때이지, 땅을 나눌 때가 아닙니다. 그러므로 요단 동편에 머물겠다는 이들의 제안은 자칫 백성들의 사기를 떨어뜨릴 수도 있었습니다. 그래서 그들의 제안을 들은 모세가 처음엔 화를 냅니다. 그런데 그들이 모세에게 말합니다. "우리는 무장하고 이스라엘 자손을 그곳〔요단 서편〕으로 인도하기까지 그들의 앞에서 가고 이스라엘 자손이 각기 기업을 받기까지 우리 집으로 돌아오지 않겠습니다."민 32:17-18 다른 지파들보다 먼저 요단 동편을 차지한 자신들이 요단 서편의 점령이 다 끝날 때까지 전쟁의 선봉대로 서겠다는 것이지요. 이로써 이스라엘은 다시 큰 힘을 얻게 됩니다.

민수기 33장에 등장하는 장소 하나 하나는 지금까지 이스라엘 백성들이 걸어온 지명들입니다. 그들에게는 잊을 수 없는 장소들이지요. 하나님께서 그들을 어떻게 인도하셨는지, 어떻게 위기의 순간들을 극복했는지 생생한 기억들이 남아 있는 장소들입니다. 그들의 역사이자 삶 그 자체입니다. 40년의 훈련 기간을 거쳐 가나안 땅의 경계선에까지 이른 이스라엘 백성들은 이 40여 개의 지명을 되새기며 지난 모든 시간들이 미래를 위한 준비였음을 깨달았을 것입니다.

이어지는 민수기 34장에는 이제 그들이 들어가 정착할 가나안 땅의 구체적인 규모와 지역이 나타나 있습니다. 하나님께서 이스라엘에게 주신 땅에 관한 약속은 매우 구체적입니다. 단순히 가나안이라는 지명만을 말씀하신 것이 아니라 가나안 땅의 동서남북을 이루는 사방의 경계를 자세하게 정해 주셨습니다. 동에서 서로, 북에서 남으로 이어지는 이 땅은 아브라함 이후 수백 년 동안 하나님의 마음에 고이 간직되어왔던 바로 그 땅이며, 흔들림 없는 신앙을 가지고 순종의 삶을 살았던 믿음의 선조들이 지향하던 땅입니다. 이제 이 약속의 성취를 구체화시킬 인물로 제사장 엘르아살과 지도자 여호수아가 세워집니다. 또한 하나님께서는 전쟁이 이미 끝났을 때를 상정해서, 각 지파의 기업 분할 책임자까지도 정해주십니다.[민 34:16-29]

땅 분배는 각 지파의 소유를 정하는 것이므로 매우 민감한 문제입니다. 하나님께서는 이들에게 공정한 분배를 위해서 제비를 사용하도록 했고, 책임자들을 세우도록 하심으로써 당신의 오랜 계획이 아름다운 마무리를 맺을 수 있도록 이끄십니다.

그런데 이처럼 이후 땅을 나눌 때에 따로 분깃을 얻지 못하는 사람들이 있습니다. 다름 아닌 레위 지파입니다. 하나님은 레위 지파에게 이스라엘 자손이 얻은 기업에서 48성읍과 그 사면 초장을 나눠주시는데 이것은 야곱을 통해서 예언된 내용이 성취된 것입니다.[창 49:5-7] 또한 이것은 이스라엘 사회를 유지시키는 핵심 세력으로 레위인을 택하신 하나님의 계획에 따른 것입니다. 레위인은 한 곳에 모여 사는 것이 아니라 이스라엘 지파들 가운데 흩어져 거하면서 이스라엘 백성들을 가르치며 각 지파가 하나님 중심으로 움직여 갈 수 있도록 해야 했습니다.

또한 섣부른 판단으로 인한 무고한 피 흘림을 방지하기 위해 도피성을 허락하시는데, 이것은 과실치사한 이들을 위한 것이었습니다. 도피성을 이스라엘 자손이 거하는 곳곳에 6개를 두어 어디서든 피할 수 있도록 하십니다. 이렇게 도피성을 주심은 어떤 이유로든 피 흘리는 일을 막으시려는 것이요, 궁극적으로는 이스라엘이 거룩한 공동체로 설 수 있게 하기 위함입니다. 앞으로 정착할 가나안에서의 삶을 위해 베푸신 하나님의 배려가 구체적으로 드러나고 있습니다.

민수기 마지막 장의 내용은 일반적으로 정해진 원칙과 제도에서 벗어나는 경우를 대비해 특별법을 제정하신 사건입니다. 여인이 기업을 소유하게 됨으로 인해 발생할 수도 있는 이스라엘 공동체 내의 분쟁을 막기 위해 하나님께서는 모세를 통해 한 가지 원칙을 세워 주셨습니다. 기업을 가진 여자들은 결혼하되, 같은 지파 안에서 결혼하여 하나님이 각 지파에게 주신 기업을 그대로 보존하도록 하십니다. 여기에는 각 지파 간에 재산으로 인한 분쟁이 일어나지 않도록 하시려는 하나님의 뜻이 담겨 있습니다.

일반적인 경우 자신의 임기가 끝나갈 때에는 일을 무성의하게 처리하기 마련인데, 모세는 그리 하지 않습니다. 곧 이어지는 신명기는 그가 가나안으로 가는 만나세대들을 위해 마지막 혼신을 다하여 준비한 유언과 같은 설교입니다.

보석찾기 ○●●

온유함이 지면의 모든 사람보다 더했던[민 12:3] 모세가 요단 동편 땅을 분배받고자 하는 갓, 르우벤 지파에게 처음에 화를 낸 이유가 무엇이었는지 민수기 32장 6-15절에서 찾아 적어 봅시다.

마음나누기 ○●●

당신이 지금 맡고 있는 일을 정리해야 할 때가 되었을 때, 잊지 않고 해야 할 일 세 가지만 생각해 봅시다.

기도 ○●●

끊임없는 전쟁의 연속과도 같은 인생을 살아가는 우리가 정녕 의지하고 도움을 요청해야 할 분은 하나님이심을 고백합니다. 우리의 보호자와 인도자가 되시는 하나님만을 믿고 의지하여 광야 같은 여정에서 승리하게 하소서.

숲이야기 3

만나세대를 위한 역사특강

신명기, 시편 90편

나무 54

역사에 대한 기억과 반성

신 1-4장

찬양 **찬송가 –** 422장 · 나그네와 같은 내가
찬　양 – 더욱 주님을 알수록

기도 이 시간, 말씀을 통독하는 가운데 하나님의 마음과 뜻을 깨달아 알 수 있도록 지혜를 주옵소서.

마음열기 지금까지의 당신의 인생을 되돌아보았을 때 가장 기쁘고 만족스러웠던 순간은 언제였습니까?

함께읽기 함께 신명기 4장을 읽어봅시다.

친해지기 모세는 40년의 험난한 광야 생활을 회고하면서 이스라엘을 보호하신 하나님의 은혜를 부각시키고 있습니다. 이처럼 모세가 이스라엘 백성들에게 지나간 역사를 상기시키는 목적은 무엇이겠습니까?

말씀의 숲길로 ○●●

약 40년 전 시내 산에서 하나님의 말씀을 전했던 모세가 이제 아라바 광야에서 말씀을 전하고 있습니다. 구약이라는 숲에서 본다면 신명기의 말씀은 출애굽과 광야 생활을 돌아본 것으로 새로운 가나안 시대의 밑거름이 되고 있습니다. 신명기의 말씀을 기반으로 출애굽 2세대들이 가나안 정복의 1세대가 되는 것입니다.

이스라엘 백성이 가나안 땅에 들어가게 되는 것은 단순히 그들의 조상들이 그곳에 살았기 때문도, 그들이 하나님 앞에서 의롭기 때문도 아닙니다. 하나님께서 아브라함과의 약속을 기억하셔서 그 땅을 그들에게 주셨기 때문입니다. 모세는 요단 동편을 점령하던 당시를 회상하면서 이 점을 말하고 있습니다.

이스라엘 백성과 40년 동안 동고동락(同苦同樂)했던 모세의 자전적 회상이 계속 이어집니다.

> "그때에 내가 ( )에게 명령하여 이르기를 너희의 하나님 여호와께서 이 두 왕에게 행하신 모든 일을 네 ( )으로 보았거니와 네가 가는 모든 나라에도 여호와께서 이와 같이 행하시리니 너희는 그들을 ( )하지 말라 너희의 하나님 여호와께서 친히 너희를 위하여 싸우시리라 하였노라" 신 3:21-22

위 구절에서 언급한 '두 왕'은 헤스본 왕 시혼과 바산 왕 옥을 가리킵니다. 이 두 전쟁에서의 승리로 요단 동편의 땅이 르우벤과 갓과 므낫세 반 지파에게 기업으로 돌아갔습니다. 그리고 가나안 정복의 지도자 여호수아가 세워졌습니다. 약속의 땅에 발을 디딜 날이 현실로 다가오는 것입니다. 그럴수록 가나안에 들어갈 수 없는 모세의 아쉬움은 커질 수밖에 없었을 것입니다. 끝없는 아쉬움으로 가슴을 끓이는 모세가 더욱 간절한 마음으로 신명기의 말씀을 전하는 모습을 계속 보게 됩니다.

모세는 지난 시절 백성 전체가 치명적인 위기 가운데 처했던 가데스 바네아 사건을 상기하며 다시 한번 마음을 잡고 흔들리지 말 것을 부탁합니다.[신 1장] 또한 지난 시절 싯딤에서 바알브올을 섬겼던 사건[민 25장]으로 인해 백성 전체가 큰 위기 가운데 처했던 때를 상기시킵니다.[신 4장]

그리고 다시는 "사람의 손으로 만든 바 보지도 못하며 듣지도 못하며 먹지도 못하며 냄새도 맡지 못하는 목석의 신들"을 섬기지 말라고 당부합니다.[신 4:28] 즉 우상을 섬기지 말고 지금까지 그들을 인도하신 하나님만 섬기라는 것입니다.

보석찾기 ○●●

모세가 지난 40년을 회고하는 가운데 만나세대들 앞에서 되짚는 중요한 사건들 중 세 가지만 신명기 1-3장에서 찾아 적어봅시다.

마음나누기 ○●●

과거의 어떤 부끄러운 경험이 오히려 오늘 당신의 삶에 새로운 결심이나 도전의 원동력이 되고 있다면 그 경험과 깨달음에 대해 이야기해 봅시다.

기도 ○●●

신실하신 하나님, 약속의 성취를 기다리면서 하나님께 순종하는 자가 되게 하소서. 지난날을 통해 부족한 점들을 반성하고 오늘을 새롭게 하며 더욱 바른 방향으로 나아가기를 소망하오니, 역사를 통해 지혜를 얻는 자가 되게 하여 주옵소서.

나무 55

역사와 사랑

신 5-11장

찬양 **찬송가 –** 369장 · 네 맘과 정성을 다하여서
찬　양 – 들으라 이스라엘

기도 이 시간, 말씀을 통독하는 가운데 하나님의 마음과 뜻을 깨달아 알 수 있도록 지혜를 주옵소서.

마음열기 당신은 과거에 부모님의 깊은 사랑을 미처 다 이해하지 못하고 도리어 오해하였던 적은 없었습니까?

함께읽기 함께 신명기 6장을 읽어봅시다.

친해지기 모세가 현재 그의 설교를 듣고 있는 만나세대에게 진심으로 강조하여 전하고 있는 메시지의 핵심은 무엇이라고 생각합니까?

말씀의 숲길로 ○●●

이제까지는 모세의 역사특강의 서론이었습니다. 이스라엘 백성들이 지금까지 걸어온 길을 상기시켜준 것입니다. 이제 본론이 시작됩니다. 드디어 모세가 이스라엘 백성들에게 진심으로 당부하고 싶은 이야기들을 꺼냅니다.

"모세가 온 이스라엘을 불러 그들에게 이르되 이스라엘아 오늘 내가 너희의 귀에 말하는 규례와 법도를 듣고 그것을 배우며 지켜 행하라 우리 하나님 여호와께서 호렙 산에서 우리와 언약을 세우셨나니 이 언약은 여호와께서 우리 조상들과 세우신 것이 아니요 오늘 여기 살아 있는 우리 곧 우리와 세우신 것이라" 신 5:1-3

오래 전, 시내 산에서 하나님이 친히 전해주셨던 십계명, 그때 하나님의 음성을 직접 들었던 출애굽세대들은 모세와 여호수아, 갈렙을 제외하고는 모두 세상을 떠났습니다. 그로부터 40여 년이 지난 지금, 모세는 하나님께서 친히 돌판에 새겨주셨던 그 하나님 사랑과 이웃 사랑의 열 가지 계명들을 만나세대들에게도 꼼꼼히 가르쳐줍니다.신 5:5-21 그리고 이 언약이 그들의 열조와 세운 것이 아니라 지금 현재 살아 있는 만나세대와 세운 것임을 강조합니다. 하나님이 세우신 언약은 그들의 열조뿐만 아니라 지금 모세의 설교를 듣는 만나세대, 더 나아가 신약시대, 그리고 오늘의 우리에게까지 유효한 말씀인 것입니다.

"이스라엘아 들으라 우리 하나님 여호와는 오직 유일한 여호와이시니 너는 마음을 다하고 뜻을 다하고 힘을 다하여 네 하나님 여호와를 (   ) 오늘 내가 네게 명하는 이 말씀을 너는 (   )에 새기고 네 자녀에게 부지런히 가르치며 집에 앉았을 때에든지 길을 갈 때에든지 누워 있을 때에든지 일어날 때에든지 이 말씀을 강론할 것이며 너는 또 그것을 네 손목에 매어 기호를 삼으며 네 미간에 붙여 표로 삼고 또 네 집 문설주와 바깥 문에 (   ) 할지니라" 신 6:4-9

☑ 알아두기

쉐마 / 신명기 6장 4-9절의 문장을 가리켜 히브리어로 "쉐마"(shema, 들어라)라 한다. 이것은 유대교의 기반이 되는 성서의 핵심 텍스트인데, 이스라엘 가정에서는 매일 아침저녁으로 쉐마를 묵상하였다.

특히 "이스라엘아 들으라"라는 말로 시작되는 '쉐마'의 말씀 신 6:4-9 은 단지 율법의 되풀이가 아니라, 지난 세월 동안 하나님을 사랑해온 모세가 만나세대에게 하나님 사랑하기를 간절히 당부하는 말씀입니다. 이스라엘 백성 가운데 모세만큼 하나님을 사랑한 사람은 없었을 것입니다. 그는 120년을 살면서, 특히 마지막 40여 년 동안에는 이스라엘을 이끄는 지도자로 활동하며, 하나님과 참으로 진한 사랑에 빠졌습니다. 그의 삶 전체를 통해 하나님을 깊이 사랑했던 모세가 지금 이스라엘에게 하나님을 사랑하라고 권고합니다.

모세가 전하는 율법의 핵심, 그것은 바로 '하나님 사랑'입니다. 예수님께서도 구약의 첫째 되는 계명이 바로 이 말씀이라고 하십니다. 막 12:29-31 우리 삶의 바탕과 근본도 '하나님 사랑'입니다.

이스라엘은 애굽과 가나안의 악한 문화를 좇지 않을 뿐만 아니라, 그들의 삶에서 완전히 잊어버려야 합니다. 가나안의 모든 문화는 하나님 없는 문화이며, 하나님의 규례를 거역하는 문화였기 때문입니다. 이스라엘은 그들의 문화를 진멸하고, 바로 그곳에 하나님 중심의 문화를 세워야 할 사명을 가지고 있습니다.

"오직 너희가 그들에게 행할 것은 이러하니 그들의 제단을 헐며 주상을 깨뜨리며 아세라 목상을 찍으며 조각한 우상들을 불사를 것이니라 너는 여호와 네 하나님의 성민이라 네 하나님 여호와께서 지상 만민 중에서 너를 자기 기업의 백성으로 택하셨나니 여호와께서 너희를 기뻐하시고 너희를 택하심은 너희가 다른 민족보다 수효가 많기 때문이 아니니라 너희는 오히려 모든 민족 중에 가장 적으니라" 신 7:5-7

이스라엘이 가나안 땅에 들어가는 것은 그들의 수효가 많기 때문이 아니라 그들을 향한 하나님의 사랑 때문입니다. 그들을 출애굽 시키고 가나안 땅으로 인도하심으로 그들의 하나님이 되고자 하신 것입니다. 그러기에 이스라엘에게는 하나님의 백성으로서의 삶이 요구됩니다. 그것은 하나님의 명령과 규례를 행하는 삶입니다. 이스라엘은 광야에서 자신들을 낮추시며 주리게 하시며 만나를 먹이신 하나님을 기억해야 합니다. 이스라엘에 복 주고 싶으신 하나님, 그들을 통해 모든 인생들에게 복 주고 싶으신 하나님께서 말씀하십니다. "사람이 떡으로만 사는 것이 아니요 여호와의 입에서 나오는 모든 말씀으로 사는 줄을 네가 알게 하려 하심이니라" 신 8:3

▶ 리더십

낮추는 훈련 / 신명기 8장 2-3절 "너를 낮추시며." 하나님께서는 이를 중요하게 여기신다. "시험하사." 시험은 누군가를 떨어뜨리는 게 아니라, 키워주고 세워준다. "너로 주리게 하시며." 이들을 낮추는 훈련을 계속하신 것이다.

신명기 9장에는 이스라엘이 하나님을 거역했던 지명들이 등장하고 있습니다. 원망하는 이스라엘 백성들을 불사르셨다는 뜻의 디베라,[민 11장] 백성들이 모세와 다투어 붙여진 이름 맛사,[출 17장] 탐욕의 무덤이 된 기브롯 핫다아와,[민 11장] 백성의 불신으로 광야 40년의 원인이 된 가데스 바네아,[민 13-14장] 금송아지를 만들어 3천 명이 죽은 호렙.[출 32장] 모세는 이 지명들을 잊을 수가 없었을 것입니다. 그런데 이 모든 사건들을 생각하면 할수록 그에게 더욱 더 명백해지는 한 가지가 있습니다. 그것은 여호와 하나님이 이스라엘을 가나안으로 인도하시는 것은 그들의 의로움 때문이 아니라, 그들의 조상과 하신 약속을 지키기 위함이라는 사실입니다. 그리고 그것은 이스라엘을 향한 하나님의 깊은 사랑이었습니다.

▶ 리더십

교육 / 한 사람이 공동체 안에서 적합하게 살아가기 위해서는 교육이 꼭 필요하다. 모세가 지금 신명기의 말씀을 전하는 것도 바로 교육의 일환이다. 그 내용은 그들의 출애굽 경험과 광야 생활의 경험을 잊지 말고 가나안 땅에 정착해서 살 때에 하나님의 율법을 삶의 바탕으로 삼으라는 말씀이다. 모세는 또한 그들이 교육받은 대로 그들의 자녀들을 가르치라는 당부를 잊지 않는다.

모세는 이스라엘 백성들이 이런 하나님의 사랑에 응답하여 하나님을 '경외하고', '사랑하며', '섬기고', '명령과 규례를 지킬 것'을 당부합니다.[신 10:12-13] 이는 모세뿐만 아니라 대대로 하나님의 선지자들이 이스라엘에게 요구했던 것이었습니다. 이스라엘 백성들은 하나님이 자신들을 위해서 행하신 일들을 자기들만 알고 있을 것이 아니라 후손들에게도 철저히 가르쳐야 합니다. 그것이 바로 약속의 땅 가나안에 들어갔을 때, 하나님이 주신 복을 누릴 수 있는 첫째 조건입니다.

보석찾기 ○ ● ●

신명기 8장에서 하나님께서 이스라엘 백성들을 사랑하신 자취가 담긴 구절들을 찾아 적어봅시다.[2-4, 14-16절]

마음나누기 ○ ● ●

하나님께서 당신을 사랑하신다는 것을 가슴으로 절절히 느꼈던 때가 있다면 언제였습니까?

기도 ○ ● ●

오직 말씀만을 붙들고 준행하는 것이 승리의 길임을 다시 한번 새기며, 말씀이 인도하는 대로 살아가길 소원합니다. 또한 후손들에게 하나님의 말씀을 전수했던 이스라엘 백성들처럼, 하나님의 말씀을 자녀들에게 가르쳐 지키게 하는 아름다운 신앙계승의 소임을 다하게 하소서.

나무 56

역사와 율법

신 12-26장

찬양

찬송가 – 263장 · 예수 말씀하시기를
찬　양 – 깊도다 하나님의 지혜와

기도

이 시간, 말씀을 통독하는 가운데 하나님의 마음과 뜻을 깨달아 알 수 있도록 지혜를 주옵소서.

마음열기

당신이 듣고 가장 기분 좋았던 칭찬은 무엇이며, 듣기에는 거슬렸으나 꼭 들어야 했던 유익한 충고는 무엇이었습니까?

함께읽기

함께 신명기 24장을 읽어봅시다.

친해지기

신명기 12장부터 시작된 모세의 두 번째 설교의 본론이 계속되고 있습니다. 신명기 24장의 여러 규례들을 통해 알 수 있는 하나님의 성품, 하나님의 관심대상은 무엇입니까?

신명기 12장부터의 내용은 만나세대가 가나안 땅에서 구체적으로 어떻게 살 것인가에 관한 가르침이라고 할 수 있습니다. 이미 가나안 땅의 문화를 알고 계신 하나님께서는 이스라엘이 가나안의 문화 대신 하나님의 문화를 세워가길 바라십니다. 하나님의 문화라고 해서 특별히 거창한 것이 아닙니다. 죽은 자에 대한 애도, 먹을거리, 십일조 등 매우 구체적이며 생활과 밀접한 관련을 맺고 있는 것들입니다. 그 중 몇 가지 내용을 살펴 그 정신과 의미를 음미해 봅시다.

하나님의 계획

하나님의 뜻이 담겨야 / 때로 하나님의 통치는 법과는 상관없이 그때마다 주시는 하나님의 명령에 의해 이루어지는 것으로 오해하는 경우가 있다. 그러나 그렇지 않다. 하나님의 뜻에 맞는 법을 제정하고, 그 법을 준수하는 것이 하나님의 통치가 실현되는 가장 좋은 방법이다.

지정하신 예배 장소 (신 12:1-28)

이스라엘이 하나님의 백성으로서 지켜야 할 말씀이 많이 있지만 그 중에서 가장 우선되는 것은 하나님을 예배하는 것이었고, 그 예배는 하나님이 택하신 곳, 즉 하나님께서 지정하신 바로 그 약속 장소에서 드려야 합니다.

면제년 (신 15:1-11)

하나님께서는 이스라엘을 그 종 되었던 집에서 속량하셨습니다. 그런 그들에게 면제년을 명령하십니다. 해방의 기쁨을 이미 맛본 이스라엘에게, 아직 종으로 남아 있는 이들을 자유하게 하는 기쁨을 함께 누리자고 말씀하시는 것입니다.

메시지

절기의 의미 / 하나님과 약한 이웃들에게 기쁨이 되는 것, 그것이 바로 절기의 참 의미임을 기억해야 할 것이다.

절기를 통한 부의 분배 (신 16:10-15)

이스라엘에게 명하신 절기들은 약한 이웃과 함께 하나님 앞에서 즐거워하는 잔칫날입니다. 하나님은 누군가의 자원하는 물질을 통해, 종과 나그네, 레위인 및 약한 이웃들이 함께 기뻐하는 잔치가 일어나길 바라십니다.

도피성 (신 19:1-13)

어떤 사람이든 억울한 일을 당하지 않도록 재판할 때엔 두 세 명의 증인을 세우라 하시고 부지불식간에 사람을 죽였을 때 피할 수 있는 도피성도 허락하십니다. 도피성을 통해서 우리는 율법의 외형적인 준수보다는 내면적인 의미가 더 중요함을 볼 수 있습니다.

토지소산과 십일조의 올바른 사용 (신 26:1-15)

하나님께서는 가나안 땅에 거하게 되었을 때 농사를 지어 소산물을 얻게 되면, 그 소산물을 하나님 앞으로 가져오라고 명하십니다. 그리고 십일조 규례를 통해 받을 복과 십일조의 사용법을 가르쳐 주십니다. 다름 아니라 고아, 과부, 객, 레위인과 함께 나누어 먹어 그들을 배부르게 하는 것입니다.

위와 같은 율법 규례들과 약자들에 대한 보호 규정은 공동체를 튼튼히 세우고자 하시는 데 그 목적이 있습니다. 특히 이스라엘은 하나님께서 연약한 자신들을 은혜로 구원하신 일을 기억하며 형식적으로가 아닌 진심으로 약자들을 보호해야 합니다. 하나님께서는 이스라엘이 약자를 보호하는 사회, 그리하여 그들이 마음 깊은 곳에서 서로 축복의 말을 할 수 있는 사회가 되기를 바라고 계십니다.

메시지

내 백성을 위로하라 / 하나님께서는 한 맺힌 사람들에 대하여 깊은 관심을 가지고 계신다. 누가 죽였는지도 알지 못하고 죽임을 당한 사람, 여자로서 다른 민족의 포로가 된 사람, 장자이면서도 아버지의 사랑을 받지 못한 사람과 그의 어머니, 그리고 마지막으로 패역한 아들을 둔 부모. 이들은 한결같이 가슴 한 구석에 응어리를 가진 사람들이다. 그들의 깊은 한숨과 눈물을 어느 누가 이해하고 위로할 수 있을까? 약자를 돌보시는 하나님께서는 그들의 마음에 더 큰 아픔이 생기지 않도록 여러 가지 제도를 세워주신다 (신 21장).

지혜창고

나눔과 평화 / 오늘의 나눔은 내일의 평안이 된다. 아깝지만 남을 위해 내어 놓을 때, 그것은 공동체 전체의 행복이 된다.

지혜창고

완전함에 이르기까지 / "너는 네 하나님 여호와 앞에 완전하라"(신 18:13). 이 말씀만큼 우리를 긴장하게 만드는 말씀도 없을 것이다. 그러나 뒤집어 보면, 기대할 것 없는 인생들을 사랑하셔서 높은 수준으로 이끌어 올리고자 하시는 하나님의 간절한 소망의 말씀으로 받아들일 수 있다.

보석찾기 ○●●

하나님께서 모세를 통해 주신 율법신 12-26장 중에서 이스라엘 백성들에게 꼭 하라고 명령하신 것 두 가지와 하지 말라고 하신 것 두 가지만 찾아 적어봅시다.

-하라고 하신 것(예. 신 12:2-3, 14:28-29, 16:18-19 등)

-하지 말라고 하신 것(예. 신 12:23-25, 14:1-2, 23:24-25 등)

마음나누기 ○●●

위의 질문에 대해 당신이 찾아 적은 네 가지 율법에 비추어 현재 자신의 삶을 점검해 보십시오.

기도 ○●●

그리스도 안에서 죄와 허물을 용서해 주신 하나님, 죄악의 요소는 모양이라도 버리고, 하나님께서 명하시는 모든 말씀을 가감 없이 그대로 지켜 행함으로써 하나님 앞에서 거룩한 자로 바로 서는 백성이 되게 하옵소서.

나무 57

역사와 언약

신 27-30장

찬양

찬송가 – 236장 · 주 예수 크신 사랑
찬 양 – 주의 말씀은 내 발의 등이요

기도

이 시간, 말씀을 통독하는 가운데 하나님의 마음과 뜻을 깨달아 알 수 있도록 지혜를 주옵소서.

마음열기

성경구절을 암송하거나 말씀을 적어 눈에 잘 보이는 곳에 놓아두었던 경험이 있습니까? 그때의 유익은 무엇이었습니까?

함께읽기

함께 신명기 30장을 읽어봅시다.

친해지기

이스라엘 백성들이 가나안에 가서 복을 받으며 살 수 있는 방법이 제시되어 있습니다. 그러나 동시에 그들이 어떻게 사느냐에 따라 두 가지 결과가 나타날 것입니다. 신명기 30장 15절, 19절 말씀을 읽고 그 두 가지 길을 나눠보십시오.

모세는 만나세대가 가나안 땅에 들어가자마자 가장 먼저 해야 할 일을 이야기합니다. 곧 큰 돌들을 세워 거기에 율법을 기록하고, 단을 쌓아 하나님께 번제와 화목제를 드리는 일입니다.신 27:1-8

돌을 세우고, 칠하고, 기록하는 일, 그리심 산에서는 축복의 말에 화답하고 에발 산에서는 저주의 말들에 화답하는 일은 결코 지루한 반복이 아닙니다.신 27:2-3, 11-13 이 일들은 하나님의 말씀을 더 깊이 새기는 작업으로 받아들여져야 합니다.

복을 받느냐, 저주를 받느냐에는 기준이 있습니다. 이 기준을 지킨다면 어디에서도, 어떤 상황에서도 하나님의 복을 받을 수 있습니다. 그것은 다름 아닌 그분의 말씀에 순종하는 일입니다.

> "네가 네 하나님 여호와의 말씀을 삼가 듣고 내가 오늘 네게 명령하는 그의 모든 명령을 지켜 행하면 네 하나님 여호와께서 너를 세계 모든 민족 위에 뛰어나게 하실 것이라 네가 네 하나님 여호와의 (　　　　　)을 청종하면 이 모든 복이 네게 임하며 네게 이르리니 성읍에서도 복을 받고 들에서도 (　　　)을 받을 것이며 네 몸의 자녀와 네 토지의 소산과 네 짐승의 새끼와 소와 양의 새끼가 (　　　)을 받을 것이며 네 광주리와 떡 반죽 그릇이 복을 받을 것이며 네가 들어와도 복을 받고 나가도 복을 받을 것이니라"신 28:1-6

▶ 리더십

들어야 할 말 / 성숙한 사람은 자신이 좋아하는 말, 듣고 싶은 말만 듣는 것이 아니라 필요한 말, 유익한 말에 귀 기울이는 사람이다. 모세는 이스라엘 백성들에게 재앙에 관한 이야기에도 귀를 기울이라고 말한다(신 28장).

αΩ 원어해설

아멘 אָמֵן : 아멘(Amen) (신 27:15) / '신실하다', '확실하다' 라는 뜻을 지닌 '아만'(אָמַן)에서 유래. 이스라엘에서는 대화나 기도의 끝에 긍정과 기원의 의미로 사용된다.

그런데 복과 저주를 자세히 설명하는 모세의 이야기에는 복에 대한 것보다 불순종에 따른 저주와 멸망의 내용이 더 많습니다. 악인은 하나님 말씀에 대해 심각성을 느끼지 못하는 사람입니다. 긴장을 하지 않는 것입니다. 말씀대로 살아보려는 애씀이 있을 때, 우리는 매순간 긴장하지 않을 수 없습니다. 긴장을 하면 하나님의 말씀을 쉽게 잊지 않기 때문입니다. 그래서 하나님은 복에 대한 것보다 오히려 저주의 대상이 될 만한 모습들을 더 길게 말씀하고 계신지도 모릅니다.

메시지

신실하신 하나님 / 하나님께서 이스라엘과 맺으신 언약은 시대와 공간을 넘어 모든 인생들과 맺으신 것이었다. 이스라엘이 비록 범죄할지라도 돌이켜 하나님의 말씀을 순종하면 하나님께서는 흩으셨던 그들을 다시 모아 더욱 번성케 하실 것이다. 하나님의 언약은 언제까지나 계속된다.

이스라엘에게 가장 중요한 것은 하나님과의 관계입니다. 하나님께서는 이스라엘 백성과 특별한 언약, 곧 하나님께서는 이스라엘의 하나님이 되시고, 이스라엘은 하나님의 백성이 되는 언약을 맺으셨습니다. 모세의 당부 속에는 이스라엘이 하나님의 언약에 참여하여 하나님의 백성으로 남기를 바라는 간절한 바람이 들어 있습니다.

"오늘 우리 하나님 여호와 앞에서 우리와 함께 여기 서 있는 자와 오늘 우리와 함께 여기 있지 아니한 자에게까지이니"
신 29:15

하나님과 이스라엘의 특별한 관계는 시대가 흘러도 변함없는 관계였습니다. 오늘 하나님의 사람들인 이 땅의 그리스도인들과 하나님과의 관계에서도 그 끊을 수 없는 영원한 언약은 계속 이어지고 있습니다.

보석찾기 ○●●

하나님께서 내리시는 복을 받기 위해 이스라엘 백성들이 실천해야 할 항목 세 가지를 신명기 28장 1-2절에서 찾아 적어봅시다.

마음나누기 ○●●

이스라엘 백성들은 하나님의 말씀을 잊지 않기 위해 큰 돌들에 율법을 기록해야 했습니다. 당신은 하나님의 말씀을 가까이 하기 위해 어떤 노력을 기울이고 있습니까?

기도 ○●●

저희의 삶이 온전히 말씀에 순종하는 삶이 되기를 원합니다. 죄악 된 세상 가운데서도 언제나 신실하신 하나님의 말씀을 든든히 붙들고 사는 자가 되게 하소서.

나무 58

역사와 미래

신 31-34장, 시 90편

찬양

찬송가 – 499장 · 저 장미꽃 위에 이슬
찬　양 – 주님의 영광 나타나셨네

기도

이 시간, 말씀을 통독하는 가운데 하나님의 마음과 뜻을 깨달아 알 수 있도록 지혜를 주옵소서.

마음열기

모세는 그의 삶의 최후 순간, 가나안으로 나아가는 공동체를 향해 희망찬 미래를 선언합니다. 나의 미래, 우리 공동체의 미래에 희망이 있다면 그 이유는 무엇이라고 생각합니까?

함께읽기

함께 신명기 34장을 읽어봅시다.

친해지기

출애굽기부터 신명기까지를 통해 살펴본 모세의 삶을 떠올려 보고, 그의 삶을 한마디로 요약하는 별명을 붙여봅시다. (예. 불세출의 지도자 모세)

모세의 설교가 막바지에 다다랐습니다. 더불어 이스라엘 백성들과 함께했던 모세의 직무도 끝이 나고 있습니다. 하나님과 이스라엘 백성 사이를 오가며 하나님을 위한 존재로, 이스라엘 백성을 위한 존재로 살기를 40여 년! 하나님과 이스라엘 백성 사이의 화해를 끊임없이 시도했던 그는 40여 년의 사역을 정리하는 시점에서 이제 자신의 후계자로 세워진 여호수아를 격려하고 이스라엘이 행할 율법을 다시금 강조합니다.

> "모세가 그들에게 명령하여 이르기를 매 칠 년 끝 해 곧 면제년의 초막절에 온 이스라엘이 네 하나님 여호와 앞 그가 택하신 곳에 모일 때에 이 율법을 (　　　　　)하여 온 이스라엘에게 듣게 할지니 곧 백성의 남녀와 어린이와 네 성읍 안에 거류하는 (　　　　　)을 모으고 그들에게 듣고 배우고 네 하나님 여호와를 경외하며 이 율법의 모든 말씀을 지켜 행하게 하고 또 너희가 요단을 건너가서 차지할 땅에 거주할 동안에 이 말씀을 알지 못하는 그들의 자녀에게 듣고 네 하나님 여호와 (　　　　　)하기를 배우게 할지니라"[신 31:10-13]

이어지는 모세의 노래[신 32장]는 지금까지의 이스라엘 역사를 요약한 것으로 볼 수 있습니다. 광야 40여 년 동안 변함없이 이스라엘을 보호하셨던 하나님, 그분은 이스라엘이 가나안 땅에 들어간 후에도 그들의 보호자와 생명이 되어주실 것입니다. 지금 모세가 부르는 노래는 이스라엘 백성들이 영원

▶ 리더십

120세의 모세가 부르는 노래 / 한평생 하나님과 동행하며 이스라엘 백성들과 생사고락을 같이했던 모세가 자신의 사역을 정리하며 행한 일은 두 가지이다. 첫째, 자신의 후계자로 세워진 여호수아의 리더십을 세우는 것. 둘째, 이스라엘 백성이 가나안에 들어갔을 때 지켜 행해야 할 일들을 일러 주는 것.

αΩ 원어해설

예슈룬 יְשֻׁרוּן : 여수룬 (신 32:15) / 이스라엘을 지칭하는 시적 표현으로 '하나님의 사랑을 받는 의로운 자'라는 뜻이다.

메시지

은혜를 깊이 새겨야 교만하지 않는다 / 사람이 자신의 노력으로 무엇인가를 이루었다고 생각하면 교만해지기 쉽다. 모세는 이스라엘이 가나안 땅에 들어갔을 때 교만하지 말아야 한다고 계속해서 경고하고 있다. 그들이 차지하게 될 땅은 하나님께서 그들에게 주신 것이지, 그들의 능력으로 얻은 것이 아니기 때문이다.

히 기억해야 할 국민가요입니다.

그리고 야곱이 그의 열두 아들에게 축복했던 것처럼,[창 49장] 모세도 각 지파들을 축복합니다.[신 33장] 야곱의 유언이 이후 이스라엘 백성들에게 출애굽의 비전이 되었다면, 각 지파에 대한 모세의 축복은 가나안에 거할 각 지파들의 지침과 비전이 됩니다.

하나님의 경륜을 바라보았던 모세는 하나님의 뜻을 겸허하게 받아들이고 죽음으로 순종합니다. 하나님의 비전을 자신의 비전으로 삼으며 생의 마지막까지 하나님의 신실한 종으로서의 역할을 감당한 모세에 대해 하나님께서는 역사를 통해 최대의 평가를 해주십니다. "그 후에는 이스라엘에 모세와 같은 선지자가 일어나지 못하였나니 모세는 여호와께서 대면하여 아시던 자요"[신 34:10]

불세출의 지도자 모세가 죽음으로써 이스라엘 역사에 전무후무했던 출애굽과 광야 시대가 대단원의 막을 내리게 됩니다. 동시에 그의 죽음은 여호수아 시대의 개막을 의미합니다. 구약이라는 숲에서 본다면, 모세오경을 관통하는 가나안 땅에 대한 비전이 모세의 죽음을 계기로 여호수아 시대로 넘어가며 이후 가나안 땅에 거하는 이스라엘 백성의 삶의 근간이 됩니다.

메시지

모세의 인생찬가 / 시편 90편은 모세의 시편이다. 모세의 직업 중 하나가 장례위원장이었다. 그는 주의 진노하심, 그리고 수많은 사람이 광야에서 죽어 묻히는 것을 보았다. 그 열매가 바로 시편 90편의 기도이다. "누가 하나님의 진노를 알랴?"(11절). "인생이 아침에 돋았다 저녁 때 마르는 풀과 같다"(5-6절). 그는 광야 40년 동안 하나님께서 이스라엘을 어떻게 인도하시는지를 모두 경험하며, 하나님 앞에 선 인간들의 연약함을 철저하게 깨달았다.

하나님의 계획

눈이 아닌 믿음으로 / 이스라엘 백성들이 가서 취해야 할 가나안 땅은, 그들의 조상들이 눈으로가 아닌 믿음으로 보아 온 땅이었다. 아브라함은 정확히 보이지 않는 이 땅을 하나님의 말씀만 듣고 찾아왔다. 이삭과 야곱, 그들의 신앙은 바로 하나님의 이 약속에 대한 것이었다. 믿음이 현실로 드러나는 순간, 하나님의 약속이 실현되는 순간, 이때를 위해 하나님께서는 기다리셨고, 백성들은 인내했다. 이제부터가 시작이다. 땅을 점령하는 일, 그리고 공정하게 분배하는 일, 그 땅에서 정의롭게 살아가는 일이 남아 있다.

보석찾기 ○●●

모세의 한평생을 정리하여 보았습니다. 모세의 인생이 진하게 담겨있다고 생각되는 성경 한 구절을 신명기 32장에서 선택해 적어보고, 그에 대한 당신의 느낌을 말해 보십시오.

마음나누기 ○●●

하나님의 복을 받은 당신과 당신 가족의 10년 후 미래를 꿈꿔보십시오.

기도 ○●●

임종을 앞두고 이스라엘이 강하고 담대하며 하나님의 율법을 견지할 것을 권면한 모세의 모습 속에서 참된 지도자의 모습이 어떠해야 하는가를 깨닫습니다. 주님, 안개와 같이 없어질 세상의 복이 아니라 영원토록 복되신 하나님을 인하여 기뻐하는 자가 되게 하소서.

성경통독원
BibleTongdokWon

숲과나무 성경통독은
하나님의 마음을 따라
성경 66권 전체를 읽어가는 것입니다.

숲과나무 성경통독은
성경의 숲과 나무를 살펴
성경 66권 모두를 하나님의 말씀으로 받아들이는 것입니다.

숲과나무 성경통독은
세계 역사를 경영하시는 하나님의 손길을 확신하며
성경 역사의 흐름에 따라 체계적으로 성경의 숲을 보는 것입니다.

성경통독원은
올바른 성경통독 방법의 보급과 확산을 위해
이 시대 교회, 세계의 그리스도인들과 함께하고 있습니다.